이유는 묻지 않기로 했다

손숙영 시집

상상인 시인선 *063*

• 본문 페이지에서 한 연이 첫 번째 행에서 시작될 때에는 〈 표기를 합니다.
• 저자의 의도에 따라 작품의 보조 동사와 합성 명사는 띄어쓰기가 달라질 수 있습니다.

이유는 묻지 않기로 했다

시인의 말

  어디에도 안주하지 못하고 오랜 시간 詩 밖을 배회했습니다

  시는 나에게 떨치지 못하는 덫이기에 안으로 쌓아둔 시름들을 묶었습니다.
  내가 살아가는 데 징검돌이 되어 내게로 와준 시편들,

  이제 세상 밖으로 보냅니다

2024년 가을
손숙영

차례

**1부
얼마간의 여백**

그 여름 삽화	19
내지리의 저녁은 읍내행 막차가 떠나며 온다	20
나는 자주 어둠과 동조했다	22
구상具象	24
잃어버린 존재론	25
붉은 하강	26
청잣빛 여음餘音	28
저녁 강가에서	30
퇴색	31
난분분 흩날리는 그림 안에서	32
채색되지 못한 캔버스의 유폐幽閉	34
마른 담쟁이의 초상	38
유월 숲에 든 소고 1	39
유월 숲에 든 소고 2	40
젖은 맨발의 밤	41

2부
녹아내리다 보면 끝 간 곳 어디쯤 닿겠지

붉은 투영	47
내안內案 그림자	48
접힌 날개	50
봉인된 파열음	51
비행飛行 소묘	54
가난한 영혼에게 고함 2	56
모딜리아니 초상	58
어설픈 정착	60
홀로 가는 길 3	61
불이 되어 버린 별 4	62
면벽 6	64
자작나무 다섯 그루 3	66
자발적 회유	67
아폴로의 사각지대	68
그리운 그곳	69

3부
겨우내 숨죽여 눕는 법을 익혔습니다

숲에 들어   73
빙주冰柱   74
저녁 강   76
봄, 숲   78
유리로 된 방 1   79
먼바다   80
석등   81
서러운 예약   82
휴休   84
일각一角   86
겨울 강 1   87
겨울 강 2   88
강둑 검은 돌   89
가담 노을길 1   90
가담 노을길 2   91

4부
다시 안개에 가려도

길을 걷다가 5	95
길을 걷다가 6	96
다시 안개에 가려도	97
방백傍白 3	98
섬	100
오월, 작약	101
숲, 자작	102
함묵含默 1	103
함묵含默 2	104
함묵含默 3	105
함묵含默 4	106
함묵含默 5	107
함묵含默 6	108
함묵含默 7	109
버덩 길 휘도는 바람의 사유事由	110

해설 _ 사라진 것들을 재생하는 시의 풍경 이성혁(문학평론가)	113

1부

얼마간의 여백

그 여름 삽화

꼬박 한 해를 살던 그때 말입니다

사계절 내내 한자리 지켜준 소나무 세 그루가 반듯하게 섰지요
밭고랑 사이사이 묻어 둔 검정비닐 위로 후드득
장단 맞추던 소낙비,
촉촉한 대지에 스민 보드라운 촉감을 기억합니다
풀잎 사이, 스치는 바람에 잎사귀 뒤집어 팔락이던 평온
빗방울들이 삼경의 종소리에 굴러떨어집니다
새벽을 고르면서
내게 허락된 사랑이란 자주 비틀거리며
형질도 없이 사라지는 기억이거나 구름 같은 거
근압根壓으로 수공水孔에서 밀려나는 것

돌아본 그해 여름,
통점이 가슴을 지그시 누릅니다
시간의 지층이 삐끗했거나 기억의 오류이거나
잘못 연결된 코드처럼
그해 여름은 젖어 있습니다

불완전한 문장들이 고개 숙인 잎새처럼
닫히지 않는 입술처럼

내지리*의 저녁은 읍내행 막차가 떠나며 온다

서산머리에 걸쳐진 노을이
뚝!
넘어가기도 전
내가 먼저 어두워진다
낮 동안 오가던 길손 하나 없는 그 길 위로
어둠이 내린다
산 그림자 덮인 숲은 검고
내지리 골목골목을 어둠은 점령군처럼 장악한다

산보다도 숲보다도
사람들 마음이 먼저 어두워지는 이곳
온종일 뜨락을 오가던 냥냥이도
박스 안에 몸을 동그랗게 말고,
몇 되지 않는 집들의 창에 불빛이 하나둘 켜진다
읍내 번쩍이는 불빛들은 아득히 멀고
내지리 어둠은
숨소리조차 안으로 말려든다
낮 동안 소국은 홀로 벙글고
말 건넬 사람을 찾아 떠나지만
빈 버스 안

떠나는 이도 남겨진 이도 없이
붉게 익은 노을만 재를 넘으며 막 버스는 떠났다

산그늘이 깔리고
추적추적 비가 내리면
나도 같이 저물고
나도 같이 떠나고 싶어진다

* 내지리 : 횡성읍 내지리.

나는 자주 어둠과 동조했다

먼 산 능선부터 어둠이 흘렀다
하루치 찬연했던 빛을 거둔 들녘의 밤이 장악되고
서쪽을 지피는 불길,
이내 붉어진 가슴에 스민다
이마를 데우고
고요마저 태웠으나
결정적 상관을 굳이 입증하지 않겠다
오늘이 어제였듯
굼뜬 일상의 휘몰이를 깨지 못하는
근원적 사고의 공조쯤으로 도모하자
들풀은 바람의 방향으로 순하게 눕는다
가두지 않은 먼 곳의 어둠이 똬리를 틀고
숨죽여 여미는 내 안으로 어둠이 들고 나서야
나무가 형질로 도사리기 시작한다는 것을 알았다
어둠의 파동은 서둘러 사방을 정물로 앉히고
어떤 외연에 밀려 비틀거리며 이곳에 서기까지
그늘이 짙었다
안과 밖이 텅 비었다
슬픔과 어둠이 내 안의 팔레트에서 섞여 운다
그때마다 떠오르는 얼굴,

나는 깊은 어둠 곁에 앉아 내밀하게 묻어 둔 문장 하나를
   슬며시 들추어 본다

   어수로御水路는 늘 아프다

구상 具象
— 놓아버린 붓끝의 공존

이해하기 위해 정확을 기한다지만
여러 경우는 존재한다는 것

일면만을 고집했고 도외시한 사상捨象이라 해두자
사고의 틀에도 음양은 따르는 법

갑론을박 해석을 두고
음과 양, 만물이 양분되겠지만

자색 흰색 유전 공존 개체에 한 가지 형질만 보이는
따위
대립 형질이라 하지만 조화로이 공존해야
섣불리 추상할 수 없는
그래야만 세상이 구르겠다는 플롯을 두고

잃어버린 존재론

어느 날 틈 하나 내고
많은 걸 잃고서야 머물지 못하는 눈길을 응시한다
보이지 않는 그림자에 의지한 인연
보편적이거나 초월적인 본체는 아득하다
사람의 일이 생각 너머의 형상으로 다가올 때
구부러진 몇 개의 선
얼마간의 여백
그곳엔 내 의지도 내 표상도 끼어들 수 없다
이해 불가한 사물들이 불안정한 시간 앞에 멈춰선다
오지 않은 내일에 대하여
꿈은 언제나 불안하다
불투명한 문장들밖에 나열할 수 없는
감각만으로 인식하는 현상,

그 너머의 당신

그래서 자유로우신가요?

붉은 하강

그대 심장에 기대고 싶었어요

제약 풀린 정형의 어제들을 세월에 눕혀
기억의 비늘을 줍습니다

마주 부르고 싶은 이름
차갑게 돌아앉는 돌이 되고 싶지 않습니다
채우지 못한 것들
안아주지 못한 것들
밤새 숨죽여 신음한 어깨
등 시린 오한 어찌 다독이시는지요

어느 때의 불안한 강가,
싸늘한 침상에는 새벽 강을 돌아온 밤의 물결이
차고 시렸습니다

기댄 가슴도 흐리다고 지금 건네고 싶다고

규정지은 범주에서 하이데거를 논하지 않아도
실존의 숙시熟視는 피할 수 없습니다

〈
육중한 무늬로 얼룩진 밤
혼돈의 밑줄을 지우는 일

얼룩진 혈흔이 지상에 흥건합니다

청잣빛 여음餘音

안홍재 넘어오던 길
채 밟지 않은 숫눈, 꽁꽁 언 저수지 위에 설경을 수놓고 있다
곡선을 그리듯 완만히 이어지는 저수지 갓길에 닿아서야
만지고 싶고 비비고 싶었던 공백의 회오리,
불태워 청잣빛 하늘에 고이 날렸다
사는 동안의 갈망이 펼쳐지는 순간이었다
무엇을 그리워하는 것도 아닌
풍경이 휘돌았다 떠난 자리
누군가 바라보는 시점은 늘 높낮이가 다르기에

낮은 기온은
산기슭의 잔설에도 시린 채색을 녹여내지 못한다
굳은 붓 터치는
간이역에 몸 푼 여운으로 남아 화이트의 잔설만 긁는다
내 안 낮게 회오리치는 스비리도프G. Sviridov Old Romans
반복된 단조음에 내가 젖고 운다
9번 Winter road

가슴 안 늘 흐르는 창백하고 시린 선율,
짓눌리는 가슴은 어디서 비롯된 걸까
지바고의 눈보라를 그리듯
다시금 비장한 표정의 파샤를 떠올리듯
휘몰아치는
습관 같은 내 안의 청잣빛 울음

저녁 강가에서

밤바다를 향하고 있다 했어요
이미 바다에 도착한 강물은
밀려와 춤추는 파도들로 들떠요
모래 해변에 당신의 이름과 나의 질문을 섞었어요
일렁이는 밤바다에 쏟아지는
교교한 달빛

우린 그 바다에 마주할 수 있을까요?
시간이 정해져 있다면
너무 늦기 전에
지상에서 불리던 내 이름을 불러주세요

퇴색

세월의 더께 훅, 눈에 들어
낡은 채도에 멈칫 걸음을 멈춥니다
몰락과 존재가 빛바랜 풍경으로 세월을 깨워 줍니다

사소하지 않은 색들이 모여 그리운 풍경 자아내는
우리의 생은 유물 같은 거

그을린 담벼락에 그려진 익숙한 그림의 구도
문득 스치는 흉곽 하나, 적막 속으로 스밉니다
상실을 견딘 시간만이 오롯하고
공중 높이 아주 오래전 본 듯한 텅 빈 얼굴 하나
걸려 있습니다

한 생을 마주 서서 바라본 적 있었는지
그대에게 묻습니다

난분분 흩날리는 그림 안에서

아득한 그 너머를 그릴 수 있을까
침묵의 나목 한 그루 되어 서성였을 검은 숲
눈 내리는 내 안의 그림에서도
저물녘 황혼 앞에서도
나는 언제나 혼자 서 있었다
숨이 막혀, 바람 부는 귀퉁이에서 내가 한 말이다

숨죽인 울음과 붉은 눈자위
우주 어디에서도 손 놓을 수 없는 지난날들
은밀한 수모처럼 저기 창밖에 누군가 걸어오듯 눈이 내리고
나는 또 자책한다

사라진 별들과 불타오르는 별들과
광활한 슬픔을 평정하기 위해
그림자를 위해서만 노래할 것
사랑하는 사람들의 어둠은 그림자 그리고 그 빛

다만 눈 내리는 그림 안에서 나는 창백하고
끝없는 질문에 또다시 압도당한다

〈
절망을 관통해야만 내 언어는 살아나고
채우기 위해서는 비워야 한다는 거
슬픔의 중력에 튕겨 오를 내일은
눈 내리는 내 안의 그림 한 폭
강 너머 난분분 흩날리는 겨울 숲 같은 것

온 우주를 헤매어 조우할 내 안 그림자

채색되지 못한 캔버스의 유폐幽閉

1.
몰입이 차단된 이후였다
한 치의 망설임 없이 아사천 화폭은 찢겨졌고
그 긴 기다림 쏟아부을 열정을 놓았다
작업실 한 켠, 오랜 시간 화가의 손끝을 빠져나온 그림들이 방치된 채
수년 동안 절절한 기다림으로 화폭마다 휑한 소리만 드나들었다
적막만이 동거 중인 아주 깊숙이 가둔 어둠이 되고 만,
이름 붙일 수 없는 진실과의 투쟁이었다

다시 붓을 잡는다는 건 생살 한 조각 떼어내는 것이었음을 안다
매일을 생 살점 떼어내느라 온통 상처투성이가 되고 마는
치열히 자신을 향한 정직을 질문했고 헹구고 있음을 안다
그림들을 모두 뒤로 돌려두고 복구되지 못하는 캔버스 그림자만 밟힌다
순방향을 잃었다 해두자
혼돈이 가중될수록 선명했을 파동에 맞설 내공은 혼란을 담금질했을 터

꿈꾸던 진정한 모습이길 그 얼마나 간구했을지
긴 시간 부재를 통해 온전한 삶으로의 이론 해명을 위해 부단히 설파했었다

오늘의 결말이 같았다 해도
그만의 색채로 세상을 자극하리라 믿는다
떠도는 풍광과 색조에 휘둘리지 않고 제대로 그리고 펼치는 법,

더는 외로움의 사투에 뒷걸음치지 마시라

그만의 사투에
흐름을 착안하여 담긴 뜻을 헤아리는 것, 생각을 꺼내는 것

어두운 음영으로 색조의 미묘한 차이에 의한 깊이와 정취,
퇴색되어 가는 색상의 단절은 고유의 색환과 표현코자 함의 양분법만으로는
표출되지 못한 위태로운 혼잣말이라는 것

2.
실패한 그림이라 치부한 구석진 자의식
가늘한 창 채광조차 밀폐했던지 단절은 테레핀유조차 말린다

작업실을 떠난 발걸음은 수년째 유화제 섞임을 보류하고
전환의 시기가 지리멸렬을 부추긴다
풍광을 드리워 바람의 색을 강요하기도 하였으나
선정된 색상은 팔레트 위 굳어진 지 오래, 갈변의 중압을 애써 누른다

커다란 구애조차 받지 않았을 일상에 얼마만큼의 혼돈 속에서 헤매었을지 가늠조차 난무하다
오롯 자신 안에 맴돌며 쓰린 부채감에 질책을 일삼았을 묵언의 하루 끝 온몸을 훑는 쓸쓸이 불규칙한 심장박동의 측정조차 거부한다

또 하루가 늘어진 어깨 위로 어스름 내리고
미완에 그친 그림자 섞인 바람 위로 순하게 접힌다
고대하던 가슴 내려놓는 저녁

〈
집 나간 화가의 발 딛는 소리 찾아 나선 집 뒤 담벼락
나뭇잎 그림자만 검게 흔들린다

Haris Alexiou 음성인 듯
어느 집 발코니에선가 새어 나오는 To Treno Fevgi
Stis Okto 쓸쓸히 흐르는데
찾아 나선 그 시간이 8시를 가리키고 있었으니

채색되지 못한 저물녘이 또 초조하여서
억눌려 가둔 자존 찾아 나선 어둠 깊숙함이란

마른 담쟁이의 초상

견뎌왔던 시간들, 청라의 익숙한 기억들로만 새겨요

한 땀 한 땀 기댔던 낡은 벽면 칸딘스키 회화로
멜로디를 그려낸 교향곡 벽을 더듬으며 해독해요
영혼을 전달하는 몬드리안 연작으로 격정을 그린
뜨거운 추상
혼을 갈아 스스로의 존재로 비구상을 새기고

세월의 흔적일랑 다 버리기로 해요
지치고 시들어 가는 모습 애써 감추지 않아도
세상 기억하는 동안만 그대로요
기대어 살아낸 흔적 다 흩어져도
덤덤했던 기억들만 담아요
들뢰즈의 형상을 창조하듯,
저마다의 간격, 하얗게 덮어 주어요

저물어 가는 풍광 앞에서
이 생을 건너는 동안만 하얗게 채색해요, 우리

유월 숲에 든 소고 1

이렇게 푸르려고 그리도 아팠나 보다

바람결에 떠돌던 무심해 보이는 이름 모를 풀잎조차
예기치 못한 거센 바람에 순하게 누웠다

조급하고 분주했을 경계를
침묵으로 눕힐 수 있는 여행자
작은 씨 하나에도 아름드리 금강송이 들어있다 하지

늘 같은 자리에서 홀로 푸르듯
삶의 여정에 먼 길을 내가 홀로 걷듯
세상은 고단하지만
숲이라 쓰고 강물이라 그려주기를

결핍과 상실이 살아나는 유월의 숲에서
내가 당신을 흔들어 깨웁니다

유월 숲에 든 소고 2

숲에 들 때마다 숙연해지는 건
충만하지 못했던 것들에 대한 아쉬움이다

걱정 없는 솔바람과 의심 없는 산새들
잔바람에 순응하는 들풀의 눕는 법을 엿보고
바라봐 주지 않아도 제 역량을 다하는 이름 모를 잎새들

이내 밤이 찾아들어 어둠이 내려도
숲의 질서에 나직나직 뇌이는 나의 참회록

젖은 맨발의 밤
-잠 못 드는 리스본행

숫눈에 밟혔던 시린 발을 옴지락대다가
젖은 맨발의 밤이라 적는다
따스한 손길 헤집으며 문고리 풀린 잠을 들여다본다
문턱이 닳도록 발톱 세운 겨울밤
종일 걸음이래야 내지리 뜨락 앞
몇 발자욱 걷다가 만 하루의 종종거림
이제 겨우 팥죽 먹는 날 지나
계절의 단추 하나 풀렀을 뿐인데
시려움이 눈 밑 붉은 혹 하나를 더 얹어 놓는다
문득, 잊고 있다가
저녁 식후 처방 준 멀티 비타민 한 알을 삼키고
이불을 머리끝까지 덮는다
풀리지 않는 시려움에 몸을 일으켜 커피 물을 다시 얹다가
여윈 몸을 만지다가
어둠에 갇힌 뜨락 앞 소나무도 같은 위치쯤 꿈을 꿀 거라 여기며
스치는 하루 끝에 걸어둔다
한쪽으로 기운 몸이 결 고운 꿈길을 갈망해 보지만
검은 어둠이 장악한 별빛 방, 망각의 포자들로 둘러싸인 칸칸마다

〈
혹!
덮쳐오는 한겨울 바람 냄새, 어둠 냄새들
잠 못 드는 기차가 벌판을 횡단한다
멈춤도 없이 하얗게 깨어있는
그녀의 잠은 어디쯤 달리고 있는가 말이다!

겨울눈을 싸고 있는 단단한 비늘 조각.
동안거 든 여린 잎눈, 꽃눈 감쌀 아린芽鱗을 수없이 어르며 덧없는 시선을 던진다
둔탁하게 흐르는 감정선
서늘함 속 아득히 먼 공생을 걷는 시간들이 낯설어
숫눈 퍼붓던 눈발을 기억하다가
영원히 잠을 수 없을 것만 같은 리스본의 진짜 모습을 애타게 찾아다녔던
페르난두 페소아 목소리에 귀 기울이던 오후 나절,

첫눈 내리면 함께 걷자!
파. 인. 벨. 리
샤갈의 눈 내리는 마을 그려낸단다…!
〈

이미 부재중 첫눈은 다.녀.가.셨.습.니.다!

눈 내리면 다시 오마고…

밤 눈길
맨발로 걷는 시린 감내를 떠올리다가,
몇 날째 뜬눈이었다는 사실에 소스라치다가
또 하루의 묵시에 다독여야 할 풋잠

설원을 내달릴 리스본 야간열차는
종일을 뇌리에 정차 중
발권 없는 리스본행이라니!

미처 내딛지 못하는 별빛 방의 우매

첫눈에 젖었던 발이
시, 렵, 습, 니, 다!

2부

녹아내리다 보면
끝 간 곳 어디쯤 닿겠지

붉은 투영

벡터에 향방을 논하진 않았다

내부의 긴장에서 흐르는 추진력이라든가 DNA라든가 하는
파동의 중첩 정도라 해 두자

빈곤한 저녁은 물리적 맥락에서 해체되고
바람의 방향을 따라 걷다 보면
생은 날카로운 각도기로 재는 바로미터다

한계 이상의 연성을 부르듯
먼 산 노을빛 햇살이 투영된 산수유 알갱이가
더 길게 더 붉게 긴장한다
차가운 공기에 묘한 쾌감을 느낀다

집이 어딘가요…?

노을을 뒤로 걷는 이의 현주소를
묻고
또
묻고

내안內案 그림자

실제보다 길었어요
견디는 시간만큼 어둠의 음영도 짙었습니다
양量도 수數도
비례도 정비례도
서성이다,
멈칫대다
늘어지면 잴 수 없는 그림자는 긴 호흡 같습니다
나는 아직 여기 있는데
그리하여도 모르겠습니다

  지각의 공간 그 안의 거리는 다양해서
  실제보다 깊습니다
  가깝고도 먼 지평의 계열 그 중첩의 관계에 현상하며
  견딘다는 거
  그 여정의 갈래는 언제나 나를 원점으로 돌려놓는데,
  세계적 사유라거나 주관 같은 명분을 내세우고자 함이 아닙니다

  내안內案

상관하고 구속되는 두 시점의 양의성을, 그 그림자를
그래도 감당하겠습니다

접힌 날개

온기 잃은 날개가 못에 걸려 있다

무릎 꿇고 계절을 놓아 버렸다
삶의 지향점이 바스락대다 다시 순해진다
저장한 시간들은 다급하고
잠든 사이 날개를 데워 보지만
허기진 볼 위로 들숨이 가파르다

연습 없이 물살에 대항하여 허물어 버린 물꼬
내리는 장맛비에 절망만 커진다
단 한 번뿐이라는 단정에는 늘 괴리가 따른다
생은 일회성일까
작열하는 태양은 붉은 노을의 파장을 모를까
나는 노을 너머의 별자리를 그린다
비의 살점이 움푹 파였다
계절을 외면한 채 그대의 접힌 날개를 바라본다
잠꼬대가 파리하다
하릴없이 눈을 자꾸 감았다 뜬다

이 사람 왜 이리 순하게 잠드는 것인지

봉인된 파열음

채 흐르지 못한 生, 부서지고 깨져 띠를 두른다

스스로의 침묵을 어쩌지 못하여
돌팔매를 해 보지만 적막은 견고했다
의식과 지향적 동태성은 지난한 시간과의 관계가 깊다
먼 산 아득한 농담濃淡
능선을 가르고 둔덕을 휘돌아 온 속살
세찬 바람에 풍경이 돌아눕는다

구성을 띤 주관은 헤라클레이토스적 흐름을 보이며
의식의 생을 그리지만
불이란 타오르기 때문에 변화되는 것,
물기 잃은 나뭇가지 수군수군 제멋대로 흔들리고
겨울 숲이 일제히 웅웅대며 달려든다
생의 갈증은 동면을 내디딘 엇박으로
수없는 너울로 요동친다
표피를 긁으며 토해내는 울음 섞인 각혈
몸부림만이 유일한 사면赦免을 부른다

행선지도 없이 돌아돌아 불어왔을 칼바람 끝

북풍에 밀리고 쓸려 온 흐느낌의 파동,
미세하게 조각난 얼음 띠는 한없이 울고 있었고
오후 햇살이고
언물의 표피를 입혀 부유를 반복한다
저토록 처절히 기도해 본 적이 있었던가!

'저 소리를 들어 보렴…!'

누군가 흐느끼고 있다
바람은 돌아가자 돌아서자 채근하지만
봄물 든 호수를 묵묵히 걷는다

부서지고
조각나고
녹아내리다 보면
끝 간 곳 어디쯤 닿겠지

귓전을 강타하는 묵시의 언어

촤르르 촤르르…

그 겨울 봉인된 침묵의 파열음!

촤르르 촤르르…

끝없이 분열하는 호수의 얼음 띠

더께진 호수면을 가르는 침묵의 함성

비행飛行 소묘

어디서 와서 어디로 가는 걸까
집 없는 새는 노을 속에 집을 짓는다지
길 잃은 새는 어디를 향해 날갯짓해야 하는지
날아야 하는 숙명이 버거워질 때
마지막 은신처는 어느 곳을 바라봐야 하는지
돌아갈 집이 없다
아무리 다짐해도 소용없는 저녁의 탄식
언제 끊일지 모를 끈들에 의지하는 하루하루가 위태롭다
그리움으로 나는 법을 가르쳐 줬다면
위안을 얻겠지만
순항의 날갯짓은 언제쯤 가능할까
이미 비행을 시작한 겨울 철새는
이 밤에도 쉬지 않고 날겠지
동토凍土의 땅 시베리아 벌판을 지나
우크라이나 산맥 너머 밤하늘을 날고 있을까
구름 사이, 별빛 사이, 비바람도 만나겠지?

파닥이는 날갯짓 무겁지 않았으면,
비축한 먹이로 허기 지지 않았으면,

내내 대륙을 향하고 있을 철새의 시린 비행이 뇌리에 남는다
가끔은 미혹의 가두리에서 방향을 잃는다
가슴을 여는 것 또한 받아들임이 전부겠지

낯선 강원에 와 혹독한 첫 겨울을 보냈다
현저히 낮은 라이프 스타일과 추위에의 노출이
철새의 저녁 비행에 오버랩 된다
여러 날 몸살을 앓았다
겨우내 쌓였을 먼지와 헝클어진 마음
털고 쓸어내며 연일 설친 밤잠으로 서성였다

오늘이 세계여성의 날
빵과 장미는 생존권과 존엄을 상징한단다
사설이 길다
철새의 안전한 비행을 바라며
시린 어깨를 감싼다
오늘은 포근히 잠들고 싶다
열나흘 달이 밝다

가난한 영혼에게 고함 2

여기저기 문을 두드리는 것일까
어딘가로 구조를 날리는 것일까

글렌 굴드를 듣는 아침
집안이 휑하고 어깨가 서늘해진다
붉은 문장에 그은 밑줄이 두텁다
한나절이 다 가고 어둠이 내리면 덜컥, 주저앉고 마는
내가 만든 구도의 반경
연속성의 나날들 위에 바람이 불고
달빛이 흘러든다
붉은 것을 해독하려 아무리 애써도
낯선 것들이 허공을 떠다닐 뿐
내 것 아닌 것들 투성이다
순해지자
순해지자
수없이 되뇌일 뿐
경쾌하지도 않은 언어들을 헹구며
나에게 주술을 건다

단순하게 사랑할 수는 없을까

〈
붉은 문장을 갈피갈피 해체하며
글렌 굴드를 듣는 아침

지독한 난독을 깨부수고 싶어!

모딜리아니 초상

가슴이 이토록 무겁다는 건
가늠할 수 없는 잣대가 있기 때문이다

몇 번 다녀갔는지
몇 번 열어보는지
알 수 없는 계기판 때문이다

우연의 연속과 모순의 틀을 바라보면서도
내어놓을 수 없음은
오늘도 살아야 한다는 육신의 다독임

그대 잘 지냈어요?

칠흑 같은 시간 안에서
그리움조차 건조된 채 걸린 걸까

그해 여름
미술관 마당 한가운데 우뚝 선 채 바라본
모딜리아니 초상
〈

아직도 사랑이냐고 묻고 있었다

어설픈 정착

물빛에 스미듯 혼곤에 들었다

반사되는 빛이 가물가물 일렁인다

내 안에 박힌 화인에 무릎까지 저리다
다가왔다 멀어지기를 반복하는 파도처럼
익숙했다가 체념하는 날들이 많다

삭풍에 잎새 하나 떨구는 일
처박힌 발걸음 세상 밖으로 내딛는 일
내 안의 나와 화해하는 일

쇠잔한 모퉁이에 서서
어둔 구석에 등 하나 밝힌다

이 모두가 나와 나의 암묵적 언약이다
누구도 동의하지 않았다

홀로 가는 길 3

모든 걸 내려두고 몰두한 삶

어딘가에 쏟아부은 고뇌의 발걸음
자초한 중압에 쓰러지기 일쑤다
『아침의 피아노』와 『이별의 푸가』,
여러 달째 완독을 연기했다
작가의 열정과 마지막 섬망이 오기까지의 며칠간에
머물며
진도를 더 나가지 못한다
죽음에 대한 애절만은 아니었다, 다시
『바르트의 애도 일기』를 뒤적였다
어떤 상실 때문이었을까, 자문의 시간은 아니었을까
내 앞 사랑의 대상에 대하여 묻고 답한다
그들을 그것들을 있는 그대로 사랑하자
근거 없는 확신일까
현존하는 모든 것들이 의미 없이 사라지지 않기를,

이 거대한 두려움의 늪을 빠져나와
나는 단연코 홀로 서고

불이 되어 버린 별 4

　노을이 물들면 서쪽별은 약속처럼 그 자리에 와 주었어요
　그리고 어둠이 깊어지면 크게 빛을 발해 밤을 동행하지요

　공원 숲에 들어 격정에 말리며 울어버린 건
　연민에 든 눈빛 때문일까요
　익숙해져 버린 것들에서 나도 모르게 나오는
　순간의 홀대
　당신만큼 나도 아픕니다
　당신만큼 나도 슬픕니다
　그 누군가에게 용서를 구해야 할 것 같은 죄의식에 엎드려
　한없이 가난해집니다
　알량한 자존 앞에 외면된 시간들
　당신 곁에서 나는 이렇게 서성이며 외톨이가 되어 갑니다
　사랑이라는 명분 앞에는 치를 떨어야 했던 저버림도 존재하기에
　어찌할 수 없는 중세일까요

서쪽 큰 별에 기대어 하소연하지만
별만큼 당신은 멀리 있습니다
도무지 아파 견딜 수 없을 때
외마디 비명조차 지를 수 없을 때
차라리 모두 놓아버려
탕진해 가는 세월을 사랑이라 이름 지을 수 있을지,
곁에 있지만 아득히 먼 현실을 지켜만 보아야 할

이렇게 살아도 되는 건지 묻고 싶습니다

면벽 6

벽에 기댄 날들, 벽과 마주 섰던 날들이 있다

시간이 쌓일수록 다문 입이 무겁다

이도 저도 행하지 못하고 막막할 때
관념의 결가부좌를 풀어 무의미하고 모순된 말들과
논다
그 말들 속으로 관통하지 못하고
말 밖에서 서성인다
사는 일이 지루하고 매일이 속죄의 날이다
오른쪽 어깨가 무너진다

마향의 유혹 뿌리치기 위한
몽매한 속내 깨우치기 위한

견딘다는 것

오지 않는 잠을 청하고
효색이 남아있는 새벽녘 벌떡 잠에서 깬다
불에 덴 듯 매일을 깜짝깜짝 놀라

서재로 든다
별만 반짝이는 하늘을 보며 또 하루를 묵직이 여는

자작나무 다섯 그루 3

테라스에서 바라보이는 자작나무 다섯 그루
여름의 절정에서 미동도 없던 잎이
자작자작,
그새 뒤집기와 엎지르기를 반복한다
계절이 가고 있다
다섯 그루 자작나무에게도
노란 윤기로 지쳐가는 가을이 구부정하게 찾아왔다

나무들의 몸짓들에 귀 기울이다 보면
새순 돋는 봄도 머지않겠지
다음 생까지 기대하지 않는다 해도
우리 언제쯤 저 숲을 다시 걸을 수 있을지

자발적 회유

강가에 나가지 못한 날이 많아진다

걷지 않아도 저녁 강 노을은 내 어깨를 두드린다

지금쯤 숲의 새들도
강가로 날아들어 목을 축일 것이다

강물에 뛰어든
별의 꼬리 뒤편

늘어진 노을은 바윗돌에 하루를 새긴다
오랜 시간 견뎌 왔지만
출구는 아득하고
참 멀리도 왔구나 싶어

아폴로의 사각지대

장애로 인해 식별할 수 있는 각도는 잴 수 없다
후방 측면 자리한 아폴로의 영역은
사계절 낮밤 모진 바람을 견딜 뿐

세월을 얼린 몰입이 침묵에 갇힌 정물에 불과하다

덩그러니 정체된 현실 뒤
설움마저 박제되어 가는 시간들
탑승한 인연의 사각지대다

걸음마도 떼기 전 뛰기 예찬을 열망하나
칠흑 속 푸른 유레카,
떨림을 견디며 침잠하고 만다

베란다 구석에 처박힌 아폴로, 30년은 된 듯 하다
쥴리앙도, 비너스도 그 수많았던 석고상들 모두 떠나보내고

지난 여정에 재해석을 담은 망각과 회상에 대한 다채로운 시선을 제안한다
마지막 남겨진 끈끈한 구역으로
우리 함께 하는구나

그리운 그곳

짐작한 대로 그곳은 부드러웠고
먹빛 강물과 멍든 바위
퇴색한 겨울 끝자락의 채 풀리지 않은
강섶에 낀 얼음
굳이 색을 읽어야 한다면 그곳은 깊은 어둠의
카키브라운이다
햇살 반대편으로 드리운 표정
그늘 뒤의 잔설 얹힌 나뭇가지
아슴아슴 내 망막 위로 들어와
콕, 박혔다

3부

겨우내
숨죽여 눕는 법을 익혔습니다

숲에 들어
-황혼을 맞기까지의 소고

초록 숲 앞에 섭니다
굳이 이름을 부르지도, 아무 말도 하지 않습니다
우리의 기억이 더 이상 나아가지 않기 때문이죠
그것은 다른 세상의 기억
뒤엉킨 시간이며 허무이자 진실이라 우기고 있습니다
살아낸다는 것
살아진다는 것
옆, 오래된 나무의 정적에 귀 기울여봅니다
떠나보낸 시간에 기대 탄식하고 마는,
지난 시간을 되짚은 바람 지나는 소리에 심장이 뛰고
오롯이 문장 하나 벌떡입니다
흩어진 조각들 사잇길 찾아 걸어가는 눈빛
그래요
오늘을 거둘 저녁노을은 서로 가만두기로 해요!

빙주 氷柱

당신 곁,

겨우내

숨죽여 눕는 법을 익혔습니다

뒷덜미 서늘한 한밤

시려운 손을 바꿔가며 점자를 두드리듯

어둠을 더듬습니다

머리 맞댄 냉기로

내일은 안온하기를 바랐던가요

다행이라 할까요

팽창 그친 뾰족함을 안아주기로 했다지요
〈

햇살 안은 빙주氷柱

살아내는 것에 대한 갈망 없이

살아내는 것에 대한 사랑 없이

두 손 모으는 건

이제야 녹는 점을 아는 까닭에

아, 흐르게 두고

내 눈물, 방울수를 셉니다

가지런한 순환으로 눕자 하심인지요

저녁 강

1
저녁 강에 나갔습니다
강둑의 색들이 계절을 갈아입고 서걱거립니다
간밤 비바람에 부대낀 묵직한 고요는
비스듬히 누운 갈대숲의 무게를 견뎌내느라 버거워 보입니다
살아내는 일은 빳빳하게 고개 쳐드는 걸까요
버틸 힘을 잃었습니다
내가 휘어지고 있습니다

2
강물이 시리게 흐릅니다
직립이 다 직선일 수 있을까요
작열하는 태양도 그 빛을 한풀 꺾었습니다
닥쳐올 북풍을 위해 깊이 뿌리내려야겠지만
보이지 않는 동력을 무슨 수로 가동할까요
그저 오늘을 살아낼 뿐입니다

3
어둠 위로 고요가 내려앉습니다
서둘러 찾아온 저녁 풍광에 또다시 미아가 됩니다
견디기 힘든 한기가 온몸을 흔들고
하나둘 집들의 불이 켜지고 있습니다
저무는 강을 두고 걸음을 재촉합니다

봄, 숲
−빈 캔버스

더는 깊을 수 없었다

낮게 가라앉아 사방 인지하기 두려운 것,
주적주적 써 내려가는 것으로 직면하면
날숨을 지속하는 파동,
밤새 숨죽인 고요는 꿈틀대는 관념을 지그시 누르고
겨울을 견딘 숲에서 캠퍼스는 낮은 고도의 환절기 내음을 풀풀 날리지만
깊을수록 가볍게 스쳐야 한다는 강박 앞에
겨울바람과 무단으로 엉긴다
아무 데서나 울 수 있는 나이는 어디까지일까
겨울 숲에 들어서면 처음 만나는 나무들 통증 참는 비명이 들린다
호흡을 가다듬는 사이
저녁 바람 한 줄 소리 없이 울고
어디선가 죽은 나뭇가지 하나

툭!
부러지고

유리로 된 방 1

부유하는 기억이 섬처럼 떠다닌다

웅크리고 걷는 이 길은 어디에 닿을까?
일상은 고화질 액정으로 상황을 재현한다
눈은 생생한 상상 뉴스를 기대하나
이미지만 그려낼 뿐,
혼곤히 뜬 눈은 말도 안 될 야뇨의 흔적만 쫓는다
부서질 것 같은 객관 앞에 어떤 순서를 기다리듯,
질 낮은 자존은 속성일 뿐이라고

내리뜬 속눈썹은 두 눈을 감아도
사각의 투명한 프레임에 갇히고 정수리를 녹여내는
천도의 불꽃
돋을새김한 유리의 단단한 기억은 형상의 조각
부조浮彫라는 섬으로

먼바다

퍼렇게 멍든 파고波高,

치솟다가 멀어져 가는

애달피 거품으로만 우는 하얀 소리를 들은 적 있는지?

물비늘로 남아 울지 못하는 사람아

하얀 고백을 듣고 있는가

자애로울 일상을 조용히 누르는 신경

가슴속 가둔 단 하나의 이름

석등

석등의 신열이 밖으로 붉게 번지고
연화문 돌이끼는 묵언을 물고 얼룩이 졌다

한 자락 바람의 보시로
젖몸살 앓았을 꽃망울,
우듬지 끝까지 시리고 아팠을 것이다

한평생 그 향기 팔지 않았으나
끝내 지키지 못한 꽃 입술
터질 듯 부푼 살 내음의 통증으로

어쩌자고 홍매 그렇게 피고,

법당 앞 화강석 석등에 불이 켜지는 것을 기다렸다가
주지 스님 잰걸음보다 더 재게
해가 덜컥 넘어갔다

서러운 예약

벗은 나목의 외적 갈등은
후두둑 듣던 빗소리 따위 그것만이 전부였다

여물지 못한 성숙 탓이었을까
언어들이 지레 탈진해 떨어지고
언어들이 인지하다가 버린 시간이 수북하다

젖은 포도 위나 길섶에 뭉쳐 나뒹구는 지난 기억들
멍하니 바라본다
순환의 논리 같은 것, 논하지 말자
핏발 선 눈을 감는다

길을 추억하듯
때로는 길이 우리를 더 각 선 것들과 함께 깊이 새 길 것이다

사랑은 진행형일 때만 아름답다!

모로 누워 서로를 탐닉하던 데자뷔의 기억에
습관처럼 최면을 건다

이제 와 그것은 길게 누워 깊이를 잴 수 없는 고립으로
날을 세우고 마는,

일정 없는 예약이다

휴休

일상
강행의 탈출

간밤
캐러밴과 텐트 위로
낙뢰와 폭우,
숨 가쁜 빗방울 셀 수 없이 쏟아 냈다

선잠에도
폐부 깊숙이 들이마시는 숨
비로소 내 아가미는 숨을 마시고 잠을 맡는다

창밖 초록의 풍경에 내 눈도 맑아졌다

간밤, 범람한 계곡물이
흐르는 운무와 격한 포옹으로 조우하듯
산허리 휘감고 내려온 운무
잠자리까지 찾아와 온몸을 덮는다

아침이 오자 수묵의 실루엣은 서서히 드러나고

지독한 운무에 감겼던 연인산도
서서히 제 몸을 풀어낸다
더불어 나도 촉촉이 젖고

일각―角

삶의 기슭에서 자리보전도 쉽지 않다
잘 걷다가도
예기치 못한 삭풍에
바람막이 창이 떨어지고 한쪽 벽이 허물어지기도 한다
고금 왕래의 이치에서
시간은 흘러가는 물처럼
세월 켜켜이 쌓고
또한 사는 것은 조그만 기슭 어디쯤에
흔들리다 가는 것
불꽃이 내 안 어느 소실점에 뛰어들어도
여여해야 하리
누가 불멸을 말하는가
누가 숙명을 말하는가
적막한 이 기슭에서 내가 붙들고 있는
허무라는 한 귀퉁이에

겨울 강 1

안거에 든 강은 얼음이 두텁다
다시 쓰는 겨울 강의 민낯

죽은 갈대가 흔들린다
갈대를 흔든 바람이 빙점을 서걱대며 간다

멀찍이 외면한 나목들이
얼음 위로 비틀비틀 투신했고
그대로 얼어붙었다
얼어붙기까지 공력이 주도면밀했음을 아는 이가 없어

겨울이 자꾸 깊다

북풍이 당신의 시간 속을 기웃거린다

내 안의 낡은 프레임들이 떤다

강 아래 조용히 흐르는 것들에게 보낸 편지를 읽는다

언 강의 묵시가 불안한 오후

겨울 강 2

강섶의 얼음은 겨우내 멍든 바위 밑을 휘돌았다
상처 입은 것들을 어르고 녹이는 반복된 시간, 얼음층의 경계이듯 수평으로 굽어지고 끊어진다
불가항력이었다
말없이 견뎌 온 이유로 지층은 다채로웠다
받아 이고 알갱이의 부피를 키웠을 강섶 검은 그늘과 서걱대는 갈대의 교접
내 안 벌여놓은 틈새로 상처 입은 것들의 시린 손을 뻗어 언 강물에 헹구는 의식을 치른다
잔바람에 몸 흔들리며 하루치의 무늬를 그리는 강물이 다문 입을 열 수 없어서일까 마침내 목 놓아 울 수밖에

강둑 검은 돌

멈출 수 없는 흐름이다
출렁이는 무늬, 누구도 물의 지문을 펼치려 하지 않았다
흐르고 머물며 수위를 넘나든 물의 자국은 두꺼운 얼음으로 쩍 달라붙고
채움도 덜어냄도 더는 내줄 수 없는 물중
젖음과 마름의 경계에서 흐느꼈을 서술

감성이 마르면 빛을 잃게 되는 것
당장 앞도 보지 못하게 어두웠지만 불은 켜지 않았다
벗은 옷을 주워 입었다
서러웠던 것들의 높낮이를 오르내리는 동안
검은 돌에 새겼을 시린 눈물, 적신 채 얼어붙어 흐르게 둔, 소읍小邑의 파생어

돌아앉은 것들의 지문을 찾아
나는 어둠 앞에서 탐색 중이다

가담 노을길 1

오후 햇살이 길어지고 있습니다
몸보다 마음이 먼저 노을길로 향합니다

제 색 잃은 지 오랜 갈대숲 사이
숨결이 가쁩니다
지는 해를 봅니다
가늘게 응시한 조리개 사이 숱한 문장들 꿈틀대고
아득한 이름들이 떠올랐다 사라지고
혼돈의 발걸음 틈새
넓힌 보폭으로 한참을 따라 걷습니다

이제는 행간을 접어야 할 시간입니다
붉게 타들어 가는 구절에 왜 이렇게 가슴이 저린지

가담 노을길 2

돌아 돌아서
석양빛에 맞선 질곡의 세월

쌓아둔 울컥한 것들 게워내지 못한 채
생의 흔들림 앞
향할 곳을 묻는다

퇴색의 계절에 처연히 색을 입혀
버덩 구석구석 훑고 있는 가늘한 바람
체념이라는 실체를 혼자 세워두고
야윈 생각들이 여울목 앞에서 숨을 고른다

쏟아져 내린 핏빛, 정수리에 얹고
서녘 짙어진 산 그리매 농담濃淡 우듬지 사이
노을이 검붉다
구름 띠 두른 생각 한 오라기 파르르 떤다

놓쳐버린 문장 하나 주워 담아
서둘러 존재의 집을 향한다

더는 돌아보지 말자

4부

다시 안개에 가려도

길을 걷다가 5
-싸리나무

잠시 숨 돌리려 선 자리, 유독 눈에 드는 붉은 것이 있었다
벌판 한 켠 야트막한 산모롱이,
보일 듯 말 듯 마치 배경처럼 늘어진 가지에 몽울몽울 군락을 이룬 보랏빛 외침.
무성한 잡초 속 오목한 곳 바람 자락 부여잡은 아우성이 숨죽여 피어 있다

바람 한 자락 일자 거역하지 못하는 숙임이 연한 햇살에 기대 순하게 흔들린다
세월 쓸어내리는 몸부림 잠시 스치고 나는 순간 혼란스러웠다

두고 온 아이들처럼 자꾸 눈에 밟히는 그 무엇

두 눈에 강물 흐르는데

길을 걷다가 6

굳이 헤집지 않아도 깊이 스미는 사람 있습니다

토 달지 않아도 수많은 언어로 울림을 주는 사람 있습니다

조그만 흔적 하나에도
그 그림자 내내 머무는 사람 있습니다

속내 들켜 부끄러워지지 않으려 자기를 가두는
그런 사람 있습니다

작은 발자국 하나 누가 되지 않아야지 다짐하는
그런 날이 많습니다

돌아오는 길,

석양빛에 물들어 혼자 붉게 젖는 날 말입니다

다시 안개에 가려도

안개가 小邑의 아침을 깨웁니다
밤새 놓아주지 않던 물안개 채 거치지 않아
앞산 승지봉 꼭대기만 남겨두고 스멀스멀 기어오릅니다
투명한 햇살이 창문 통유리를 관통하고
이내 침잠되고 이름 모를 새소리가 정적을 깹니다
선잠 속에서도 벌떡 몸을 일으키던 간밤을 떠올리며
잠시 현기증을 달랩니다
나를 점령한 새벽안개와 간밤의 어둑한 공존을
아직은 이른 거리에 나열합니다
그 그림들을 온기로 채워
세상은 아름다워야 한다는 내 곡선의 갈망을 내겁니다

하루 속에
부드러운 선으로 침몰하는 나의 이데아를 두고

방백傍白 3
−자발적 location

돌아보면
사람은 무언가에 갇히며 묻히며 잊으며 살아내는 거지

기억을 잃어 가는 한 사람이
끝내 놓지 않는 기억이 있다
가끔은 격하게 외로워야 한다고 말하지만
그것은 가혹하다
눈 떠, 경계의 눈으로 살피는 먼 산
산등성이는 겹겹 둘러싸여 아스라하다
아플까 싶어,
강가를 걷지도 못한 날이 늘었다
서두를 일 없는 아침은 허무라는 파란 중독에 침잠하여
식전의 의식인양 빈속에 커피를 마신다
고대하고, 꼭 맞는 내 거라고 우겨온 시간
갇힌 말과 말 사이를 더듬어 본다
풍경 하나가 환청처럼 울어댄다

처음부터 기댈 언덕이었을지,
왜 이토록 요점만을 모았을까

설익음도 애써 감추고
일상의 말들에 섞여 감정은 가지런해지기도 한다
어설픈 몸짓을 받아내는 모놀로그의 연장선상,
등장인물도 액션도 동기도 결의도,
아, 관객도 없는 시츄Shih Tzu!
당신을 독백하며 나는 날마다 리셋한다
감당하기 어려운 세월과 나 사이
낯설고 물 설은 로케이션
어김없이 아침을 맞고, 나이테는 쌓여가고…
갇힌 사람, 미라가 되기 전 리턴을 해야 하나…?
안정되지 못하는 당신 곁
덩달아 안도와는 멀어진 한 삶
위장하지 않아도 될 여생
공감 없는 자발적 보호구역
팔양경八陽經 염불하듯 하얗게 지샌
밤, 밤, 밤.

다시 공명 없는 그 자리에 서서

섬

민낯으로 선 거울에
섬이 뜬다
종일 아무것도 가둘 수 없었던 섬이
파랗게 뜬다

섬보다 더 작은 별들이 내려와
점점이 피었다가 진 자리에서
잠수할 기미를 비치는 초침의 제자리 진동
자꾸 그대가 파놓은 이랑에 걸려
째깍째깍 흔들린다
더 이상 섬은 근엄하지도
드러내지도 못하여서

오월, 작약

마당 있는 집을 꿈꾸어요

작약 꽃등 올릴 무렵 두근대는 가슴을 관통하고
더는 통제할 수 없겠지요

이윽고, 마주하고
여린 꽃잎술에 입술을 포갭니다

꽃잎 혈맥, 가슴으로 스며 흐릅니다

쓸쓸한 저녁이야 곧 오고 말 테지만, 환호작약
중후하게 더 깊어지는 까닭을
누구에게 물어야 할까요

숲, 자작

자작이랑 같이 살고 싶어요

마당 있는 집에
자작 울타리 휘두른 숲

흰 몸피 곧게 향하고
삼켜야 했던 문장들 발효시켜 반짝이는 잎맥을 늘려요
햇살 길어지는 늦은 4시

며칠을 매만진 시어 위에 흐르는 나의 첼로
낮은 선율로 흐르게 해요
마침표 없는 미소로 묵직이 활을 누르고
자작 숲에 드는 꿈

함묵含默 1
−고네이베루

강둑을 휘돌아 온 문장이 말을 건넵니다

세월의 강을 거스른 사연 말입니다

마음의 손을 잡는다는 것,
존재만으로 맑은 영혼 드리울 가치를 부여합니다

가슴을 내어준다는 것,
삶의 강길 따라 흐르게 두고
일렁이는 파문 버텨 줄 혈大
그 끝 간 곳에 시선을 두는 것

마음과 마음을 이어주는 가교架橋
물길 이상이라는 것을 아는
고네이베루
늘 그 자리 변함없이
그늘 없이

* 고네이베루 : 횡성군 북천리 다리(지금은 사라지고 없는 오래된 섬강 길 잠수교).

함묵含默 2
−고네이베루

다리를 건너던 한 어르신
중간쯤 멈춰 서서
먼데 시선을 두고 잠시 바라보다 건너시고

얼마나 지났을까,
자전거 페달을 돌리며 한 젊은이
단숨에 다리 건너 사라졌다

한참 지났다 싶은데
여전히 건너는 인적이 없다
홀로 선 다리만 우두커니
다리 아래 휘도는 물살만 바라본다

가던 길 세워 난간도 어루만져 주고
먼 강줄기에 시선을 두고
여울목 소리에 귀 기울여 주는
그런 느린 걸음 하나 함께 했으면,

함묵할 수밖에 없는
무표정한 나의 언어
저 고네이베루는 알고도 남을 거다

함묵含默 3
−고네이베루

뼈대 깊숙이, 유전하지 않는 형질이 있다
오랜 세월 씻김을 반복해 온 강물에 잠겼던 날,
스님들 경전보다 먼저 공부한 『치문경훈』처럼
무언가에 골몰하겠다는 다짐 또한 절실했으리라
그 뼈대, 내 안 깊이 뿌리 내릴 동안
걱정이 줄어드는 것과 굳건했던 다짐 또한 빈약하여서,
사미니 경전 어록보다 고승 문인의 질책이 크다
일상이란 수행하고 잠수하기도 하는 곳
의기 푸르다한들 입 닫을밖에
맴돌던 바람 자락 다리 구석구석을 훑는다
산 그림자도 강물에 쉬러 내린다
초심을 굳건히 다져 그저 삼키고 마는
내 쓸쓸한 외마디 절규

* 치문경훈 : 승려들이 공부하는 데 교훈으로 삼을 만한 고승들의 글을 모아 엮은 책.

함묵含默 4
−고네이베루

한때 강둑을 휘돌았을 바람
버덩을 가로질렀을 들녘의 나부낌과 이루지 못한 것에 대한 조바심과
찬바람 부는 겨울날 해거름에 허허로이 베인 가슴
아는 이 하나 없는 이 빈한한 처소에서
서러움을 말더듬이로 삭힌다
지키기 위한 자존 하나 움켜쥐고도 주눅이 든다
몰지각도 숭고로 화장할 수 있는
이곳은 모든 이의 타향
그 어떤 삶이 진중하고 아름다운지를 묻는
질문 앞에서
현실의 벽은 태산이다
저 거대한 논리는 불길도 돌려 세울 기세
하루치 언어구사에
깊이 있는 사유들을 한자리에 모아본다
비평을 늘려 일반론을 두고 또 다른 서론에
하루가 시답잖다
강바람이 맵차게 목덜미를 핥는다

함묵含默 5
―고네이베루

거친 비바람도 잠잠히 견디고
오랜 세월 뒤, 강물에 잠겨 지키고 있던 묵언
거두지 않은 사랑과 생각 없이 내뱉은 헛말도 저물고 있겠다
묵은 다리가 기억하고 있을 세상의 일들과
다리를 건너왔다 건너갔을 사연들
덧없이 잊힌 것들에 대해 묻고 답한다
특별할 것 없던 하루, 몇 문장 글로 내뱉은 일상
거침없이 미끈하고 유려한 정경을 소란하지 않게
묘사하고자 했다
슬픔은 겨우 손톱만큼만 말없이 흐른다

함묵含默 6
−고네이베루

서풍이 목덜미를 훑고
어둠은 해를 살라 먹고 비릿한 물 내음을 뱉습니다
비로소 강물처럼 낮아질 때
허공으로 흩어진 바람
간밤의 불면이
고네이베루 교각 끄트머리에
뼈대를 걸치고 있습니다

함묵含默 7
―고네이베루

한때 밭둑을 이루었을 키 작은 돌담의 경계들과
죽은 나무의 잔대들
저만큼 실개천을 가로지르는 그 다리
하루를 살고 집으로 돌아가는 저문 길
발목을 적시지 않아도 좋을
되짚어 와야 할 누군가를 기다리고 있는
앉은뱅이 다리, 그 길

오랜 날을 물속에 잠겨 무언가를 기다렸다
기다림이란 견딤이다
어디선가 나를 거두지 않은 사랑도 조용히 늙어가고
다리가 기억하고 있을 세상의 일들을 생각해 본다
다리를 건너 돌아오고 떠나갔을
어느 덧없고 잊혀진 것들에 대해
나는 오래 묻고 또 물을 것이다

버덩 길 휘도는 바람의 사유事由

바람불이 길을 지날 때면 바람 냄새가 난다
짜 맞추지 못한 것들 뒤로
어둑한 고갯길 넘어 시린 발목 냉기에 웅달이 짙다

바람 소리가 거리 구석구석을 훑는다
온몸 진액을 훑는다

하루의 바싹 마른 입술소리 뒤
버덩마다 모진 자리 휘돌아 해독이 난해한 푸른 바람 소리
무뎌진 에움길 멀지 않은 섭리 따라 순풍스럽기를
그냥 그 상처를 살아내는 거라고
가고 다시 돌아오지 않는 바람이라고
기억하는 밤의 한 경점일 뿐이라고

성근 바람 부여잡은 나목의 가지 끝
야트막한 산모롱이 적막한 햇살 고이면
조곤히 나를 내어주고
혼탁을 이고 언 발목 묻힌 이 길을 묵묵히 걸어갈 뿐

〈
이유는 묻지 않기로 했다

* 바람불이 : 바람이 많이 휘돈다는, 횡성군 내지리 고개 부근 지역명.

※해 설

사라진 것들을 재생하는 시의 풍경

이성혁(문학평론가)

　무릇 시집의 첫 번째 실린 시는 시집에 들어가는 입구가 된다. 시집을 통한 시인과의 첫 만남이 이루어지는 장소가 바로 첫 번째 시인 것, 이 시를 통해 시인의 시적 개성이나 시인의 세계관, 또는 마음의 상황을 처음 접할 수 있다. 손숙영 시인의 『이유는 묻지 않기로 했다』를 여는 첫 시는, 이 시집이 그의 첫 번째 시집인 만큼, 독자들이 그와 첫 만남을 이루는 시라고 할 터이다. 다시 여기 옮겨와 읽어보자.

　　꼬박 한 해를 살던 그때 말입니다

　　사계절 내내 한자리 지켜준 소나무 세 그루가 반듯하게 섰지요

밭고랑 사이사이 묻어 둔 검정비닐 위로 후드득
장단 맞추던 소낙비,
촉촉한 대지에 스민 보드라운 촉감을 기억합니다
풀잎 사이, 스치는 바람에 잎사귀 뒤집어 팔락이던 평온
빗방울들이 삼경의 종소리에 굴러떨어집니다
새벽을 고르면서
내게 허락된 사랑이란 자주 비틀거리며
형질도 없이 사라지는 기억이거나 구름 같은 거
근압根壓으로 수공水孔에서 밀려나는 것

돌아본 그해 여름,
통점이 가슴을 지그시 누릅니다
시간의 지층이 삐끗했거나 기억의 오류이거나
잘못 연결된 코드처럼
그해 여름은 젖어 있습니다

불완전한 문장들이 고개 숙인 잎새처럼
닫히지 않는 입술처럼

-「그 여름 삽화」 전문

위의 시는 손숙영 시인의 서정을 형성하는 근저를 보여 주는 시로 보인다. 그의 서정을 이루는 것은 무엇인가. 많

은 서정 시인들처럼 삶의 언저리와 사랑에 관련된 아픔이다. 하지만 같은 아픔이라고 하더라도, 그 아픔의 특질은 사람마다 다르며 그 절절한 정도도 차이가 있다. 시의 경우, 사랑의 아픔이 어떻게 독특하게 이미지화되고 있는지, 그 이미지가 어떤 강렬함으로 독자에게 시적 감동을 주는지가 문제가 된다. 위의 시 역시 손숙영 시인의 삶과 사랑은 삶과 어떤 이미지로 제시되고 있는지, 그 이미지가 함축하여 담고 있는 시인의 마음이 주목된다.

필자에게 위의 시에서 가장 눈에 띈 구절은 "형질도 없이 사라지는 기억이거나 구름"이 "내게 허락된 사랑"이라는 시적 진술이다. 현실과의 괴리는 아픔이다. 왜냐하면 그 계절은 너무나 아름다운 이미지의 기억을 남겨놓았기 때문이다. 그것은 '그 여름' 소낙비가 내렸을 때 어떤 에피파니epiphany처럼 감지되었던 풍경과 같은 이미지로 남아 있는 것이다. 그 풍경은 시각적인 것으로만 시인에게 다가오지 않았다. "촉촉한 대지에 스민 보드라운 촉감"으로 현현했던 것, 이 '보드라운' 대지의 이미지가 손숙영 시인에게 사랑에 대한 '이미지-기억'이다. '그해 여름'을 돌아보면서 시인이 가슴 아파한 것은, 그 여름의 소낙비를 맞아들이는 대지 및 풍경의 이미지들에 대한 기억이 시인의 현재 상황을 각성시켰기 때문이겠다. 즉 그 '되돌아봄'은 자신에게 허락된 사랑이란 구름 같은 것일 뿐이라는 사실을 다시금 일깨웠던 것이다.

　그래서 소나기로 젖어있던 그해 여름의 이미지는 "시간의 지층이 삐끗했거나 기억의 오류"인 듯이 시인의 현재를 젖게 한다. 이 '젖음'은 '그 여름' 때처럼 보드라움으로 시인을 감싸는 것이 아니라 시인의 마음을 무겁게 한다. 그래서 '젖음'은 양가성을 가지고 있다. 과거에 경험했던 사랑의 보드라움을 상기시키는 동시에 마음을 아래로 가라앉히는 무게로 작용하는 것이다. 이 양가성이 손숙영 시인이 시를 쓰게 하는 원동력일 것이다. 빗물을 맞아 "고개 숙인 잎새"는 시인 자신의 객관적 상관물이다. 잎새 위에는 사랑스러운 빗물이 고여 있으나, 그 무게로 잎새는 고개 숙이고 입술을 닫지 못한다. 그리고 닫지 못하는 입술이 "불완전한 문장"을 말하게 이끄는 것이다. 보드라운 사랑에 대한 기억이 시의 입을 열게 만들고 무엇인가―시―를 말하게 한다. 이렇게 읽어보면, 위의 시 「그 여름 삽화」는 손숙영 시인의 시가 어디에서 연원하는지 보여주고 있다는 것을 알게 된다. 이 시가 시집의 맨 앞에 놓인 것은 이유가 여기 있는 것이다.

　"산그늘이 깔리고/추적추적 비가 내리면/나도 같이 저물고"(「내지리의 저녁은 읍내행 막차가 떠나며 온다」) 싶다는 손숙영 시인의 고백에서 볼 수 있듯이, '비'가 그의 쓸쓸한 감성을 불러일으키며 그가 동일시되는 특별한 대상이 되는 것은, 위에서 보았듯이 고단한 현실의 난관을 환기하는 것과 관련될 것이다. 이와 함께 저물어 가는 풍경이 그의 현재 삶을 이미지화 해준다. '나는 자주 어둠과 동조했다'라는 시의 제목에서 볼 수 있듯이 말이다. 시인이 마주하는 저기서 어둠이 다가오고, 시인은 이 어둠에 동조하고 동화된다. 하지만, 멀어져 가는 이상에 따르는 자위와 사랑이 시의 문장을 말할 입을 열게 해주었듯이, 어둠 역시 시인을 암흑에 빠뜨리기만 하는 것은 아니다. 어둠은 무엇인가를 드러내기 시작한다. 우선, 어둠은 시인의 아픈 마음을 드러내고 가시화한다. 나아가 그 어둠의 마음 안에서, 대낮에는 감지할 수 없었던 어떤 형질이 형체를 갖추기 시작하는 것이다.

> 가두지 않은 먼 곳의 어둠이 똬리를 틀고
> 숨죽여 여미는 내 안으로 어둠이 들고 나서야
> 나무가 형질로 도사리기 시작한다는 것을 알았다
> 어둠의 파동은 서둘러 사방을 정물로 앉히고
> 어떤 외연에 밀려 비틀거리며 이곳에 서기까지
> 그늘이 짙었다
> 안과 밖이 텅 비었다
> 슬픔과 어둠이 내 안의 팔레트에서 섞여 운다
> 그때마다 떠오르는 얼굴,

나는 깊은 어둠 곁에 앉아 내밀하게 묻어 둔 문장 하나를
슬며시 들추어 본다
— 「나는 자주 어둠과 동조했다」 부분

"먼 곳"에 "똬리를 틀"었던 어둠이 "숨죽여 여미는 내 안으로" 들어오자, 어떤 나무가 "형질로 도사리기 시작한다"는 것. 이 형질은 낮의 빛 아래에서는 드러나지 않았다. 그것은 어둠에 깃든 마음의 눈으로 보는 형질이기에, 어둠과 동조하는 눈은 세계의 밤에 놓인 사물들의 형질이 정물로 나타나기 시작한다는 것을 포착한다. 어둠을 통해 마음과 세계는 "안과 밖이 텅 비"어 있는 양 서로 스며들면서, "외연에 밀려 비틀거리며 이곳에 서"게 된, 그늘 짙은 사물들이 시인의 "팔레트에서 섞여" 울기 시작한다. 그렇게 팔레트에는 슬픔과 울음이 섞인 색이 만들어지는데, 시인의 머릿속에 어떤 얼굴이 떠오르기 시작한다. 시인의 마음을 적신 슬픔과 어둠이 사물의 보이지 않던 형질을 드러내면서, 아마 두고 온 아이들을 애처로이 떠오르게 만들었을 것이다. 여하튼, 이제 시인은 무엇인가를 '그릴—쓸' 준비를 갖추게 되었다. 앞으로 견뎌내야 할 현실의 괴리 때문에 들추어 보게 된 "내밀하게 묻어 둔 문장 하나"를 따라 선이 그어지고, "슬픔과 어둠"이 섞인 색으로 시의 문장들이 채색되어 나갈 것이다.

이렇듯 위의 시는, 「그 여름 삽화」보다는 좀 더 세밀하게, 손숙영 시인이 시작詩作을 하게 되는 과정을 '화가'의 작업에 빗대어 보여준다. 「잃어버린 존재론」도 그림 그리기의 과정이 지닌 의미를 철학적으로 보여주고 있는 바, 이 역시 자신의 시작을 빗대어 얘기하는 것일 터이다. 이 시에서 그는 "사람의 일이 생각 너머의 형상으로 다가올 때/구부러진 몇 개의 선/얼마간의 여백/그곳엔 내 의지도 내 표상도 끼어들 수 없다"고 쓴다. 앞에서 시인이 어둠을 받아들이자 시인에게 사물의 형질이 드러나고 당신—이 당신은 시인이 사랑했던 '사람'일 수 있으나 종교적인 절대자일 수도 있다—의 얼굴이 떠올랐다는 것을 보았다. 그런데 이러한 형상의 부각 또는 부상浮上은 시인의 의지나 표상과는 무관한 것이다. 그래서 그것들은 "불안정한 시간 앞에 멈춰"서는 "이해 불가한 사물들"이다. 이 타자로서의 사물들을 그린다는 것—쓴다는 것은 "불투명한 문장들밖에 나열할 수 없"다. 이러한 '그리기—쓰기' 작업은, 「내안內案 그림자」의 구절에 따르면 "서성이다. 멈칫대다"하는 일로, "언제나 나를 원점으로" 돌려놓는다. 그러므로 어둠 속에서 부각된 형질의 얼굴을 쓴다는 일은 시인이 자신의 고독을 숨 막힐 정도로 인식하고 견디는 일이기도 하다.

　　아득한 그 너머를 그릴 수 있을까

침묵의 나목 한 그루 되어 서성였을 검은 숲
눈 내리는 내 안의 그림에서도
저물녘 황혼 앞에서도
나는 언제나 혼자 서 있었다
숨이 막혀, 바람 부는 귀퉁이에서 내가 한 말이다

숨죽인 울음과 붉은 눈자위
우주 어디에서도 손 놓을 수 없는 지난날들
은밀한 수모처럼 저기 창밖에 누군가 걸어오듯 눈이 내리고
나는 또 자책한다

사라진 별들과 불타오르는 별들과
광활한 슬픔을 평정하기 위해
그림자를 위해서만 노래할 것
사랑하는 사람들의 어둠은 그림자 그리고 그 빛

다만 눈 내리는 그림 안에서 나는 창백하고
끝없는 질문에 또다시 압도당한다

절망을 관통해야만 내 언어는 살아나고
채우기 위해서는 비워야 한다는 거

슬픔의 중력에 튕겨 오를 내일은

눈 내리는 내 안의 그림 한 폭

강 너머 난분분 흩날리는 겨울 숲 같은 것

온 우주를 헤매어 조우할 내 안 그림자

　　　　　－「난분분 흩날리는 그림 안에서」 전문

　위의 시는 손숙영 시인의 시 쓰기가 어떠한 과정 속에서 이루어지며 무엇을 향하고 있는지 종합적으로 보여준다. "아득한 그 너머를 그"리고자 하는 시인은, "나는 언제나 서 있었"음을 자각한다. "침묵의 나목"처럼 말이다. "내 안의 그림에서도" 혼자였으니, "숨이 막혀"라고 탄식할 만한 상황이다. 보이지 않는 어둠 속에서 감지하게 되는 세계에 대한 시를 쓰고자 하는 예술적 의욕은, 시인이 자신의 내면 앞에서도 고독을 처절하게 느끼도록 하는 것이다. 이 고독한 시 쓰기는 터져 나오는 울음을 어둠이 깔리는 황혼에 붉게 태우는 일, 다시 말해 "사라진 별들과 불타오르는 별들과/광활한 슬픔을 평정하기 위"한 일이다. 시인은 이러한 시 쓰기를 위한 과정에서 '누군가'가 그림자 같은 눈으로 변신하여 걸어오는 모습을 감지하게 된다. 그리고는 그의 마음 안에 "눈 내리는 그림"이 그려지게 되는 것이다. 그 그림은 "사랑하는 사람들의 어둠"이 형성하는 그림자로 채워진다.

어둠에 의해 사라지는 별처럼 감추어지는 관계, 그 사랑이 드리우는 그림자가 바로 저 마음 안에 내리는 눈이자 시인에게 걸어오는 누군가다. 시인은 이 "그림자를 위해서만 노력할 것"이라고 다짐한다. 이렇듯 숨 막히는 고독을 감내하면서 어둠을 마음 안에 받아들이고, 그 어둠 속에서 드러나는 사랑의 그림자가 그려내는 그림을 시로 써나가는 것, 이것이 손숙영 시인이 시를 쓰는 이유이자 방법이다. 그것은 울음을 태우면서 이루어지는 일로, "절망을 관통해야만" 하는 일이다. 이 절망을 홀로 견뎌낼 때 시인의 언어는 살아난다. 그렇게 울음을 떨어뜨려 마음 안이 비워져야 비로소 사랑의 그림자가 "슬픔의 중력에 튕겨" 올라 시인의 마음에 "눈 내리는" "그림 한 폭"으로서 존립할 수 있다. 또한 그럼으로써 "당신의 그림자"와 "온 우주를 헤매며 만"날 수 있는 것이다. 하여, "내 안의 그림"이 보여주는 풍경은 눈이 "난분분 흩날리"며 사랑하는 당신의 그림자를 형성한다.

이 풍경은 마치 '겨울 숲' 같다. 이 숲에 들어가 "오래된 나무의 정적에 귀 기울"이면 "지난 시간을 되짚은 바람 지나는 소리에 심장이 뛰고/오롯이 문장 하나 벌떡"(「숲에 들어」)이는 것을 느낄 수 있게 될 터, 시의 문장은 이렇게 시인의 마음속에서 살아나기 시작한다. 이 '겨울 숲'은 시인의 마음에 형성된 세계이지만, 시인이 자의적으로 만드는 것은 아니다. 어둠을 받아들이고 울음을 태울 때 나타나기 시작한 당신의 그림자가 만드는 세계, 타자의 세계인 것이다. 이 타자의 세계와의 만남은 고독을 견디고 절망을 관통하는 시적 노력을 통해 비로소 가능하다. 그런데 이 시집에서 시인은 또 다른 숲과의 만남을 보여준다. 그것은 여름에 만나는 숲이다. 절망을 통과하며 사라져 간 사랑의 그림자와 만나는 숲이 겨울 숲이라면, 여름 숲과의 만남은 시인에게 아래와 같이 어떤 반성을 일으킨다.

> 숲에 들 때마다 숙연해지는 건
> 충만하지 못했던 것들에 대한 아쉬움이다
>
> 걱정 없는 솔바람과 의심 없는 산새들
> 잔바람에 순응하는 들풀의 눕는 법을 엿보고
> 바라봐 주지 않아도 제 역량을 다하는 이름 모를 잎새들
>
> 이내 밤이 잦아들어 어둠이 내려도
> 숲의 질서에 나직나직 뇌이는 나의 참회록
> ― 「유월 숲에 든 소고 2」 전문

이 여름 숲은 시인의 마음에 형성된 것이라기보다는 시

인이 일부러 찾아간 실제의 숲이다. 이 숲에서 그는 생명의 충만함을 느끼고 자신이 살아온 삶을 '참회'한다. 충만한 생명의 삶이란 무엇인가. 솔바람처럼 걱정 없고 산새들처럼 의심 없는 삶. 그것은 "잔바람에 순응하는 들풀의 눕는 법"에 따라 사는 삶이다. 시인은 이 자연의 순리, "숲의 질서"에 순응하는 삶이야말로 충만할 수 있음을, 그리하여 저 "이름 모를 잎새들"처럼 "밤이 잦아들어 어둠이 내려도" "제 역량을 다하"며 살 수 있음을 배운다. 저 잎새들은, 그냥 보았을 때는 여린 것 같지만, 기실 지난한 고통을 견디면서 자신의 생명을 다하고 있는 것이다. 자연물 중에서 아래의 시가 보여주는 '홍매'는 시인에게 특히 깊은 인상을 주었던 것 같다.

    석등의 신열이 밖으로 붉게 번지고
    연화문 돌이끼는 묵언을 물고 얼룩이 졌다

    한 자락 바람의 보시로
    젖몸살 앓았을 꽃망울,
    우듬지 끝까지 시리고 아팠을 것이다

    한평생 그 향기 팔지 않았으나
    끝내 지키지 못한 꽃 입술

터질 듯 부푼 살 내음의 통증으로

어쩌자고 홍매 그렇게 피고,

법당 앞 화강석 석등에 불이 켜지는 것을 기다렸다가
주지 스님 잰걸음보다 더 재게
해가 덜컥 넘어갔다

— 「석등」 전문

  어느 절의 저녁 풍경이다. 시인은 석등의 불이 켜지는 모습을 "신열이 밖으로 붉게 번지고"라며 이미지화했다. 즉 시인은 그 불빛에서 석등이 무겁게 품고 있던 고통스러운 열병이 밖으로 발현되는 이미지를 본 것이다. 그리고 석등의 '신열'은 석양과 함께 절의 대기를 아프게 물들인다. 그 대기의 열병을 옮기는 바람의 '보시'를 받으면서, 홍매 역시 "터질 듯 부푼 살 내음의 통증"을 "꽃 입술" 벌려 터뜨린다. 홍매는 "젖몸살 앓"으며 "우듬지 끝까지 시리고 아"픈 삶을 살아왔던 것, 결국 "향기 팔지 않았으나" "꽃 입술"은 "끝내 지키지 못하고" 자신의 아픔을 발설하게 된 것이다. 이 '발설'이 바로 개화일 터, 이 개화는 시를 비유하고 있음을 우리는 쉬이 짐작할 수 있다. 그렇다면 저 석등과 홍매로부터 손숙영 시인은 '시인의 운명'

을 보고 배우고 있는 것인지 모른다. 고통을 견디면서 꽃을 피우고 등을 밝히는 시 쓰기, 그것이 시인이 시인으로서 생명을 다하는 길이라는 것을 말이다. 그럼으로써 신열의 묵언을 대기에 퍼뜨리고 돌이끼에도 얼룩을 지게 만드는 것이 시 쓰기가 지닌 세상에서의 역할이라는 것도.

겨울의 찬바람이 주는 고통을 견디면서 여름 숲은 찬란한 생명의 세계를 이루어낸 것, 손숙영 시인은 홍매나 잎새들과 같은 여린 듯 보이는 자연물에서 이를 배운다. 하여, 그는 다시 겨울로 돌아와 자연물들이 이 겨울을 어떻게 견디고 있는지 관찰하고 사유한다. 이 자연물들로부터 자신 역시 고통을 견디는 방법을 배우려는 것이다. 예를 들면 「비행飛行 소묘」에서 시인은 '겨울 철새'에 주목한다. 이 철새야말로 시인에게는 대단한 존재자다. 철새는 집 없이 쉬지 않고 날며 겨울을 관통하지 않는가. 시인은 이 철새가 "이 밤에도 쉬지 않고 날"면서 "시베리아 벌판을 지나/우크라이나 산맥 너머 밤하늘을 날고 있"지 않을까 상상하고, 그 비행으로 "별빛 사이, 비바람도 만"나리라고 추측한다. 이 철새의 '시린 비행'을 떠올리면서, "가끔은 미혹의 가두리에서 방향을 잃"곤 하는 시인은 "가슴을 여는 것 또한 받아들임이 전부"이라는 깨달음을 얻는다. 고난을 받아들이며 겨울을 헤쳐 나가는 겨울 철새의 삶이야말로 시인이 살아나가야 할 방향이라는 것을.

물론 철새 역시 겨울로부터 벗어나기 위해 날아간다. 생명이 피어나는 봄과 생명력이 충만한 여름을 살아가기 위해서 말이다. 그래서 철새의 삶은 겨울을 견디고 헤쳐 나가며 봄으로 나가는 비행이라고 할 수 있다. 시인은 시적 대상으로부터 이러한 삶의 움직임을 읽어내기 시작한다. 「자작나무 다섯 그루 3」에서 이러한 읽기를 볼 수 있다. 이 시에서 시인은 "여름의 절정에서 미동도 없던 잎이" "계절이 가고" "가을이 구부정하게 찾아"오자, "자작자작,/그새 뒤집기와 엎지르기 반복"한다고 말하고 있다. 그는 움직이지 않는 듯이 보이는 어떤 존재자 속을 관통하는 시간의 흐름을 읽으면서, 푸르른 삶의 절정 역시 곧 "노란 윤기로 지쳐가는" 시절이 올 것임을 말하고 있는 것이다. 하지만 시인이 이로부터 허무 의식을 갖게 되는 것은 아니다. 왜냐하면 가을이 가고 겨울이 와서 죽음이 오더라도, 다시 "새순 돋는 봄도 머지 않"으리라는 것이 자연의 순리임을 그가 알고 있기 때문이다.

그런데 이 글이 방금 언급한 시에서 주목하는 바는 이러한 인식이 아니라, 시인이 삶이란 사라짐의 고통과 생명의 개화와 충만이 순환하면서 진행되는 과정이라는 점에 자신의 시적 사유를 진행하고 있다는 점이다. 이러한 사유는 이 시집 후반부에 배치된 시편들에서 자주 발견된다. 아래의 시는 고정되어 있는 것, 얼어붙어 있는 것으로부터

도 이러한 과정이 진행되는 움직임을 감지하고 관찰하는 시인의 모습을 보여준다.

  안거에 든 강은 얼음이 두텁다
  다시 쓰는 겨울 강의 민낯

  죽은 갈대가 흔들린다
  갈대를 흔든 바람이 빙점을 서걱대며 간다

  멀찍이 외면한 나목들이
  얼음 위로 비틀비틀 투신했고

  그대로 얼어붙었다
  얼어붙기까지 공력이 주도면밀했음을 아는 이가 없어

  겨울이 자꾸 깊다

  북풍이 당신의 시간 속을 기웃거린다

  내 안의 낡은 프레임들이 떤다

  강 아래 조용히 흐르는 것들에게 보낸 편지를 읽는다

〈
　언 강의 묵시가 불안한 오후

　　　　　　　　－「겨울 강 1」 전문

　손숙영 시인은 겨울 숲에서 나와서 여름 숲을 지나 다시 겨울 강에 이르렀다. 위의 시는 그렇게 다다른 "겨울 강의 민낯" 풍경을 보여준다. 그 풍경은 정지와 죽음이 지배하는 듯이 보인다. 강의 얼음은 두텁게 얼어 있으며 갈대는 죽어 있다. "나목들이/얼음 위로 비틀비틀 투신"하고는 "그대로 얼어붙"는다. 하지만 이 '죽음—냉동'의 풍경은 정지해 있지 않다. "죽은 갈대는 흔들"리고 있으며 바람은 "빙점을 서걱대며" 가고 있는 것, 나목들 역시 주도면밀한 '공력'을 통해 얼어붙은 것이었다. 나아가 이를 통해 겨울 자체도 스스로 깊어지는 움직임을 행하고 있다. 하여, 깊어지는 이 겨울 풍경을 읽어내는 시인의 마음 안으로도 북풍이 불어오고, "내 안의 낡은 프레임들이" 떨고 있음을 시인은 느낀다. "언 강의 묵시가 불안한" 이유다.

　이렇듯 시집 후반부에서 손숙영 시인은 가만히 정지해 있는 듯이 보이는 세계의 사물들은 기실 어떤 움직임을 묵시적으로 드러내고 있음에 시적 사유를 펼친다. 움직임은 시간의 흐름과 함께 이루어진다. 그래서 움직임에 대한 사유는 시간에 대한 사유를 부른다. 시인은 일곱 편으로 이루어진 「함묵含默」 연작에서, '함묵'하는 세계의 사물들 안으로부터 시간의 흐름을 읽어낸다. 이 연작시 모두에는 '고네이베루'라는 부제가 달려 있다. 시인이 밝혀놓은 주에 따르면, 고네이베루는 지금은 사라진 횡성의 섬강 길 잠수교라고 한다. 즉 사라진 다리를 시인은 부제로 단 것이다. 시를 통해 그 다리를 부활시키려는 시인의 의도는 무엇일까. 시간의 흐름 속에서 사라진 무엇과 현재를 잇고자 하려는 의도 아니겠는가. 다음은 이 연작시 중 첫 번째 시다.

    강둑을 휘돌아 온 문장이 말을 건냅니다

    세월의 강을 거스른 사연 말입니다

    마음의 손을 잡는다는 것,
    존재만으로 맑은 영혼 드리울 가치를 부여합니다

    가슴을 내어준다는 것,
    삶의 강길 따라 흐르게 두고
    일렁이는 파문 버텨 줄 혈穴
    그 끝 간 곳에 시선을 두는 것

마음과 마음을 이어주는 가교架橋

물길 이상이라는 것을 아는

고네이베루

늘 그 자리 변함없이

그늘 없이

- 「함묵含默 1」 전문

  시간이 흐름에 따라 사라졌지만, 역설적으로 그래서 사라지지 않는 것이 있다. 저 '고네이베루'가 그런 존재다. 물론 그 다리는 지금 여기에 실제로 존재하지 않지만, 시인의 기억과 마음속에는 "늘 그 자리 변함없이" 존재한다. 이 마음속의 다리는 "세월의 강을 거"슬러 사라진 과거와 지금을 이어준다. 물론 이는 마음속에서 이어주는 것이어서, 고네이베루는 "마음과 마음을 이어주는 가교"다. "마음의 손을 잡"게 해주는 이 다리를 재생시키기 위해서는, 시인에 따르면 "가슴을 내어"주고 "삶의 강길 따라 흐르게 두"어야 한다. 저 잔바람에 순응하는 들풀이나 찬바람을 맞으며 겨울을 건너는 철새처럼. 그럴 때의 마음은 자연스레 세월을 거슬러 올라 과거의 마음과 접속할 수 있게 되는데, 이 접속의 통로가 마음에 재생된 고네이베루와 같은 다리일 테다. "일렁이는 파문 버텨 줄" 이 다리는 "존재만으로 맑은 영혼 드리울 가치를 부여"한다. 그것은 파문 이는 세월을 견뎌주고 삶의 가치를 지켜줄 수 있는 존재인 것이다. 하여, 그 다리는 사라진 과거의 것들이 자신의 그늘을 벗어나 지금 여기로 현현케 해준다.

「함묵含默 5」에 따르면, 이 '묵은 다리'는 온갖 "다리를 건너왔다 건너갔을 사연들"과 "강물에 잠겨 지키고 있던 묵언"을 기억한다. 그래서 이 다리에 시인은 "덧없이 잊힌 것들에 대해 묻고", 다리는 이에 "강물을 휘돌아" 문장을 건네며 답한다. 즉 마음속의 고네이베루는 손숙영 시인에게 문장을 건네주는 시의 저장소인 것이다. 하여, 시인은 「함묵含默」 연작 마지막 시에서 "다리를 건너 돌아오고 떠나갔을/어느 덧없고 잊힌 것들에 대해/나는 오래 묻고 또 물을 것"(「함묵含默 7」)이라는 의지를 표명하며 연작시의 끝을 맺는다. 이 의지는 아마 손 시인의 시작이 앞으로 나아갈 방향을 말하는 것일지 모른다. 저 지나간 것들, 사라진 것들과 다시 만나기 위한 시의 길을 내겠다는 방향 말이다. 이를 위해서는 자연의 흐름에 몸을 맡기고 마음을 열어야 하는 바, 이 시작(詩作-始作)의 자세를 보여주는 시가 시집 마지막 부분 쯤 실려 있는 아래의 시다.

하루의 바싹 마른 입술소리 뒤
버덩마다 모진 자리 휘돌아 해독이 난해한 푸른 바람
소리다

무뎌진 에움길 멀지 않은 섭리 따라 순풍스럽기를
그냥 그 상처를 살아내는 거라고
가고 다시 돌아오지 않는 바람이라고
기억하는 밤의 한 경점일 뿐이라고

성근 바람 부여잡은 나목의 가지 끝
야트막한 산모롱이 적막한 햇살 고이면
조곤히 나를 내어주고
혼탁을 이고 언 발목 묻힌 이 길을 묵묵히 걸어갈 뿐
이유는 묻지 않기로 했다

― 「버덩 길 휘도는 바람의 사유事由」 부분

  여전히 삶을 고통스럽게 만드는 바람은 시인에게 휘몰아쳐 불어온다. 바람이 불어오는 '사유事由'는 여전히 해독하기 어렵다. 하지만 시인은, 그 바람 역시 "가고 다시 돌아오지 않"을 것이기에 "상처를 살아내"야 한다고 마음먹는다. 그러면 "성근 바람 부여잡은 나목의 가지 끝"에 햇살이 고일 수 있을 것이라며 말이다. 저 나목은 시인 자신의 객관적 상관물일 터, 이 고이는 햇살에 자신을 '조곤히' 내어주면서 "이유는 묻지 않"고 "언 발목 묻힌 이 길을 묵묵히 걸어"가야겠다고 시인은 결심하고 있다. 이 행로를 따라 손숙영의 시가 앞으로 어떠한 이미지를 형성시켜 우리 앞에 제시할지 궁금하고 기대된다는 마음을 표하며, 이 글을 끝맺는다.

상상인 시인선 063

이유는 묻지 않기로 했다

지은이 손숙영
초판인쇄 2024년 10월 25일 초판발행 2024년 10월 30일
펴낸곳 도서출판 상상인 편집주간 황정산 펴낸이 진혜진
표지디자인 최혜원 기획·마케팅 전은빈 최유림 노혜림 정현수
책임교정 종이시계 편집 세종PNP
등록번호 제572-96-00959호 등록일자 2019년 6월 25일
주소 06621 서울시 서초구 서초대로74길 29, 904호
전화번호 02-747-1367, 010-7371-1871
팩스 02-747-1877 전자우편 ssaangin@hanmail.net

ISBN 979-11-93093-71-9 (03810)

값 12,000원

- 이 책은 강원특별자치도, 강원문화재단 후원으로 발간되었습니다.
- 이 책은 전부 또는 일부 내용을 재사용하려면 반드시 저작권자와 도서출판 상상인의 동의를 받아야 합니다.
- 이 도서의 국립중앙도서관 출판시도서목록(CIP)은 서지정보유통지원시스템 홈페이지(http://seoji.nl.go.kr)와 국가자료공동목록시스템(http://www.nl.go.kr/kolisnet)에서 이용하실 수 있습니다.